AF452708

CHANSONS

MADÉCASSES

PARIS,

EDITIONS DE LA NOUVELLE REVUE FRANÇAISE

35 ET 37, RUE MADAME

1920

CHANSONS

MADÉCASSES

722

CHANSONS
MADÉCASSES,

TRADUITES EN FRANÇAIS PAR

ÉVARISTE PARNY

AVEC TRENTE VIGNETTES
GRAVÉES SUR BOIS, EN COULEURS,
PAR

J. E. LABOUREUR

PARIS
ÉDITIONS DE LA NOUVELLE REVUE FRANÇAISE
35 ET 37, RUE MADAME
1920

CHANSONS
MADÉCASSES

AVERTISSEMENT

L'île de Madagascar est divisée en une infinité de petits territoires qui appartiennent à autant de princes. Ces princes sont toujours armés les uns contre les autres, et le but de toutes ces guerres est de faire des prisonniers pour les vendre aux Européens. Ainsi, sans nous, ce peuple serait tranquille et heureux. Il joint l'adresse à l'intelligence ; il est bon et hospitalier. Ceux qui habitent les côtes se méfient avec raison des étrangers, et prennent dans leurs traités toutes les précautions que dicte la prudence et même la finesse. Les Madécasses sont naturellement *gais. Les hommes vivent dans l'oisiveté et les femmes travaillent. Ils aiment avec passion la musique et la danse. J'ai recueilli et traduit quelques chansons qui peuvent donner une idée de leurs usages et de leurs mœurs. Ils n'ont point de vers ; leur poésie n'est qu'une prose soignée : leur musique est simple, douce et toujours mélancolique.*

Chanson première

Quel est le roi de cette terre? — Ampanani. — Où est-il? — Dans la case royale. — Conduis-moi devant lui. — Viens-tu la main ouverte? — Oui, je viens en ami. — Tu peux entrer.

Salut au chef Ampanani. — Homme blanc, je te rends ton salut et je te prépare un bon accueil. Que cherches-tu? — Je viens visiter cette terre. — Tes pas et tes regards sont libres. Mais l'ombre descend, l'heure du souper approche. Esclaves, posez une natte sur la terre, et couvrez-la des larges feuilles du bananier. Apportez du riz, du lait et des fruits mûris sur l'arbre. Avance, Nélahé; que la plus belle de mes filles serve cet étranger. Et vous, ses jeunes sœurs, égayez le souper par vos danses et vos chansons.

Chanson deuxième

Belle Nélahé, conduis cet étranger dans la case voisine; étends une natte sur la terre, et qu'un lit de feuilles s'élève sur cette natte; laisse tomber ensuite la pagne qui entoure tes jeunes attraits. Si tu vois dans ses yeux un amoureux désir; si sa main cherche la tienne, et t'attire doucement vers lui; s'il te dit: viens, belle Nélahé, passons la nuit ensemble; alors assieds-toi sur ses genoux. Que sa nuit soit heureuse, que la tienne soit charmante ; et ne reviens qu'au moment où le jour renaissant te permettra de lire dans ses yeux tout le plaisir qu'il aura goûté.

Chanson troisième

Quel imprudent ose appeler aux combats Ampanani ? Il prend sa zagaie armée d'un os pointu, et traverse à grands pas la plaine. Son fils marche à ses côtés ; il s'élève comme un jeune palmier sur la montagne. Vents orageux, respectez le jeune palmier de la montagne!

Les ennemis sont nombreux. Ampanani n'en cherche qu'un seul, et le trouve. Brave ennemi, ta gloire est brillante : le premier coup de ta zagaie a versé le sang d'Ampanani. Mais ce sang n'a jamais coulé sans vengeance ; tu tombes, et ta chute est pour tes soldats le signal de l'épouvante ; ils regagnent en fuyant leurs cabanes ; la mort les y poursuit encore : les torches enflammées ont déjà réduit en cendres le village entier.

Le vainqueur s'en retourne paisiblement, et chasse devant lui les troupeaux mugissans, les prisonniers enchaînés et les femmes éplorées. Enfans innocens, vous souriez, et vous avez un maître.

Chanson quatrième

Ampanani

Mon fils a péri dans le combat. O mes amis ! pleurez le fils de votre chef ; portez son corps dans l'enceinte habitée par les morts. Un mur élevé la protège ; et sur ce mur sont rangées des têtes de bœuf aux cornes menaçantes. Respectez la demeure des morts ; leur courroux est terrible, et leur vengeance est cruelle. Pleurez mon fils.

Les hommes

Le sang des ennemis ne rougira plus son bras.

Les femmes

Ses lèvres ne baiseront plus d'autres lèvres.

Les hommes

Les fruits ne mûrissent plus pour lui.

Les femmes

Ses mains ne presseront plus un sein élastique et brûlant.

Les hommes

Il ne chantera plus étendu sous un arbre à l'épais feuillage.

Les femmes

Il ne dira plus à l'oreille de sa maîtresse : Recommençons, ma bien-aimée !

Ampanani

C'est assez pleurer mon fils ; que la gaieté succède à la tristesse : demain peut-être nous irons où il est allé.

Chanson cinquième

Méfiez-vous des blancs, habitans du rivage. Du temps de nos pères, des blancs
descendirent dans cette île; on leur dit :
Voilà des terres ; que vos femmes les cul-
tivent. Soyez justes, soyez bons et devenez
nos frères.

Les blancs promirent et cependant ils
faisaient des retranchemens. Un fort me-
naçant s'éleva ; le tonnerre fut renfermé

dans des bouches d'airain; leurs prêtres
voulurent nous donner un Dieu que nous ne
connaissions pas ; ils parlèrent enfin d'o-
béissance et d'esclavage : plutôt la mort !
Le carnage fut long et terrible; mais, mal-
gré la foudre qu'ils vomissaient et qui
écrasait des armées entières, ils furent tous
exterminés. Méfiez-vous des blancs.

Nous avons vu de nouveaux tyrans, plus
forts et plus nombreux, planter leur pa-
villon sur le rivage : le ciel a combattu pour
nous ; il a fait tomber sur eux les pluies,
les tempêtes et les vents empoisonnés. Ils
ne sont plus, et nous vivons, et nous vivons
libres. Méfiez-vous des blancs, habitans du
rivage.

Chanson sixième

Ampanani

Jeune prisonnière, quel est ton nom ?

Vaïna

Je m'appelle Vaïna.

Ampanani

Vaïna, tu es belle comme le premier rayon du jour. Mais pourquoi tes longues paupières laissent-elles échapper des larmes ?

Vaïna

O roi ! j'avais un amant.

Ampanani

Où est-il ?

Vaïna

Peut-être a-t-il péri dans le combat, peut-être a-t-il dû son salut à la fuite.

Ampanani

Laisse-le fuir ou mourir ; je serai ton amant ;

Vaïna

O roi ! prends pitié des pleurs qui mouillent tes pieds !

Ampanani

Que veux-tu ?

Vaïna

Cet infortuné a baisé mes yeux, il a baisé ma bouche, il a dormi sur mon sein ; il est dans mon cœur, rien ne peut l'en arracher...

Ampanani

Prends ce voile, et couvre tes charmes. Achève.

Vaïna

Permets que j'aille le chercher parmi les morts, ou parmi les fugitifs.

Ampanami

Va, belle Vaïna. Périsse le barbare qui se plaît à ravir des baisers mêlés à des larmes!

Chanson septième

Zanhar et Niang ont fait le monde. O Zanhar! nous ne t'adressons pas nos prières: à quoi servirait de prier un Dieu bon! C'est Niang qu'il faut apaiser. Niang, esprit malin et puissant, ne fais point rouler le tonnerre sur nos têtes; ne dis plus à la mer de franchir ses bornes; épargne les fruits naissans; ne dessèche pas le riz dans sa fleur; n'ouvre plus le sein

de nos femmes pendant les jours malheureux, et ne force point une mère à noyer
ainsi l'espoir de ses vieux ans. O Niang ! ne
détruis pas tous les bienfaits de Zanhar.
Tu règnes sur les méchans ; ils sont assez
nombreux : ne tourmente plus les bons.

Chanson huitième

Il est doux de se coucher durant la chaleur sous un arbre touffu, et d'attendre que le vent du soir amène la fraîcheur.

Femmes, approchez. Tandis que je me repose ici sous un arbre touffu, occupez mon oreille par vos accents prolongés ; répétez la chanson de la jeune fille, lorsque ses doigts tressent la natte, où lorsque assise auprès du riz, elle chasse les oiseaux avides.

Le chant plaît à mon âme ; la danse est
pour moi presque aussi douce qu'un baiser.
Que vos pas soient lents ; qu'ils imitent
les attitudes du plaisir et l'abandon de la
volupté.

Le vent du soir se lève ; la lune com-
mence à briller au travers des arbres de
la montagne. Allez, et préparez le repas.

Chanson neuvième

Une mère traînait sur le rivage sa fille unique, pour la vendre aux blancs.

O ma mère! ton sein m'a portée; je suis le premier fruit de tes amours : qu'ai-je fait pour mériter l'esclavage? J'ai soulagé ta vieillesse; pour toi j'ai cultivé la terre ; pour toi j'ai cueilli des fruits ; pour toi j'ai fait la guerre aux poissons du fleuve ; je t'ai garantie de la froidure ; je t'ai portée durant la chaleur, sous des ombrages parfumés ; je veillais sur ton sommeil, et j'écartais de ton visage les insectes impor- tuns. O ma mère, que deviendras-tu sans moi ? L'argent que tu vas recevoir ne te donnera pas une autre fille : tu périras dans la misère, et ma plus grande douleur sera de ne pouvoir te secourir. O ma mère ! ne vends point ta fille unique.

Prières infructueuses ! Elle fut vendue, chargée de fers, conduite sur le vaisseau ; et elle quitta pour jamais la douce et chère patrie.

Chanson dixième

Où es-tu, belle Yaouna? Le roi s'éveille, sa main amoureuse s'étend pour caresser tes charmes : où es-tu, coupable Yaouna? Dans les bras d'un nouvel amant, tu goûtes des plaisirs tranquilles, des plaisirs délicieux. Ah! presse-toi de les goûter; ce sont les derniers de ta vie.

La colère du roi est terrible. — Gardes,

volez ; trouvez Yaouna et l'insolent qui reçoit ses caresses.

Ils arrivent nus et enchaînés : un reste de volupté se mêle dans leurs yeux à la frayeur. — Vous avez tous deux mérité la mort, vous la recevrez tous deux. Jeune audacieux, prends cette zagaie, et frappe ta maîtresse.

Le jeune homme frémit ; il recula trois pas, et couvrit ses yeux avec ses mains. Cependant Yaouna tournait sur lui des regards plus doux que le miel du printemps, des regards où l'amour brillait au travers des larmes. Le roi furieux saisit la zagaie redoutable, et la lance avec vigueur. Yaouna, frappée, chancelle ; ses beau yeux se ferment, et le dernier soupir entr'ouvre sa bouche mourante. Son malheureux amant jette un cri d'horreur : j'ai entendu ce cri ; il a retenti dans mon âme, et son souvenir me fait frissonner. Il reçoit en même temps le coup funeste, et tombe sur le corps de son amante.

Infortunés ! dormez ensemble, dormez en paix dans le silence du tombeau.

Chanson onzième

Redoutable Niang ! pourquoi ouvres-tu mon sein dans un jour malheureux ?

Qu'il est doux le souris d'une mère lorsqu'elle se penche sur le visage de son premier-né ! Qu'il est cruel l'instant où cette mère jette dans le fleuve son premier-né, pour reprendre la vie qu'elle vient de lui donner. Innocente créature ! le jour que tu vois est malheureux ; il menace d'une maligne influence tous ceux qui le suivront. Si je t'épargne, la laideur flétrira tes joues, une fièvre ardente brûlera tes veines, tu croîtras au milieu des souffrances ; le jus de l'orange s'aigrira sur tes lèvres ; un souffle empoisonné desséchera le riz que tes mains auront planté ; les poissons reconnaîtront et fuiront tes filets ; le baiser de ton amante sera froid et sans douceur ; une triste impuissance te poursuivra dans ses bras : meurs, ô mon fils ! meurs une fois, pour éviter mille morts. Nécessité cruelle ! redoutable Niang !

Chanson douzième

Nahandove, ô belle Nahandove! l'oiseau
nocturne a commencé ses cris, la pleine
lune brille sur ma tête, et la rosée nais-
sante humecte mes cheveux. Voici l'heure :
qui peut t'arrêter, Nahandove, ô belle Nahandove ?

Le lit de feuilles est préparé ; je l'ai par-
semé de fleurs et d'herbes odoriférantes ;
il est digne de tes charmes, Nahandove, ô
belle Nahandove !

Elle vient. J'ai reconnu la respiration
précipitée que donne une marche rapide ;
j'entends le froissement de la pagne qui
l'enveloppe : c'est elle, c'est Nahandove,
la belle Nahandove !

Reprends haleine, ma jeune amie ; re-
pose-toi sur mes genoux. Que ton regard
est enchanteur ! que le mouvement de ton
sein est vif et délicieux sous la main qui le
presse ! Tu souris, Nahandove, ô belle
Nahandove !

Tes baisers pénètrent jusqu'à l'âme ; tes
caresses brûlent tous mes sens : arrête, ou
je vais mourir. Meurt-on de volupté, Nahandove, ô belle Nahandove ?

Le plaisir passe comme un éclair; ta
douce haleine s'affaiblit, tes yeux humides
se referment, ta tête se penche mollement,
et tes transports s'éteignent dans la lan-
gueur. Jamais tu ne fus si belle, Nahandove,
ô belle Nahandove.

Que le sommeil est délicieux dans les bras
d'une maîtresse ! moins délicieux pourtant
que le réveil. Tu pars, et je vais languir
dans les regrets et les désirs ; je languirai
jusqu'au soir ; tu reviendras ce soir, Nahandove, ô belle Nahandove !

Les Chansons madécasses *ne sont pas une pure supercherie littéraire. Né à Bourbon, où il fit plusieurs séjours et remplit même une mission officielle, Parny connaissait les mœurs et les traditions de la grande île voisine. Sans doute a-t-il usé du privilège de la fiction accordé aux poètes, car on croit entendre dans ses chansons un écho des brûlantes et tendres élégies que lui inspira Eléonore, la belle créole infidèle.*

Les Chansons madécasses *ont paru pour la première fois, suivies des Poésies fugitives, à Paris, en 1787. Le présent texte est conforme à l'édition publiée par P. F. Tissot, sur la copie corrigée par l'auteur.*

quatre cent douze exemplaires
sur papier de jute naturel
dont quatre cents numérotés de 1 à 400
et douze (hors-commerce) de I à XII
ont été tirés de cet ouvrage
qui fut achevé d'imprimer
par Frazier-Soye
le 15 Juin 1920.

Exemplaire N° 122

Le tirage terminé, les bois ont été rayés

www.ingramcontent.com/pod-product-compliance
Lightning Source LLC
LaVergne TN
LVHW011509180726
843503LV00008BA/3677